AF223515

ORGANISATION
DU TRAVAIL

Moyen d'obtenir pour chaque travailleur,
à l'âge de 55 ans,
une pension de **MILLE** francs par an.

Par DAVID (CLAUDE), *de Grenelle*,

Ancien ouvrier mécanicien.

Prix : 25 centimes.

Se trouve

A PARIS, RUE SAINT-ÉTIENNE, 11
(PRÈS LE BOULEVART BONNE-NOUVELLE).

1848

ORGANISATION

DU TRAVAIL

**Moyen d'obtenir pour chaque travailleur,
à l'âge de 55 ans,
une pension de MILLE francs par an.**

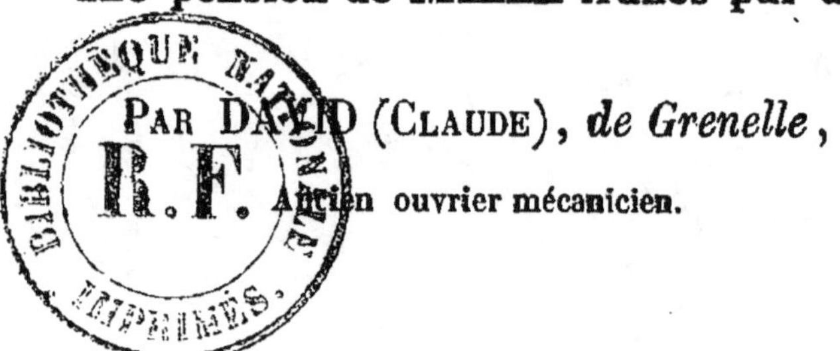

Par DAVID (CLAUDE), *de Grenelle*,

Ancien ouvrier mécanicien.

Prix : 25 centimes.

Se trouve :

A PARIS, RUE SAINT-ÉTIENNE, 11

(PRÈS LE BOULEVART BONNE-NOUVELLE).

1848

PRÉFACE.

L'organisation *définitive* du travail ne pourra avoir lieu qu'à une *seule* condition, qui est de *garantir* aux travailleurs de *tout genre*, comme aux chefs d'atelier et aux capitalistes, une part dans les bénéfices des travaux à confectionner. Dans tous les cas, cette part devra être proportionnée aux services rendus par chacun à l'établissement producteur.

L'association seule pourra amener la solution de ce grand problème. Plusieurs genres de sociétés peuvent être proposés à cet effet. Je vais traiter de celle qui, je crois, devra donner les résultats les plus immédiats et les plus utiles à la société existante.

Bien que je sois partisan de l'association intégrale, je ne suis cependant pas au nombre de ceux qui la croient possible immédiatement et sans transition. Je l'attends bien avec impatience, et je verrais avec bonheur sa réalisation ; mais je crois sage de ne rien brusquer, si nous voulons ne pas retarder l'avènement de ce progrès, l'un des plus grands que l'humanité puisse accomplir.

C'est pourquoi je propose d'abord l'association de l'atelier et de toutes exploitations agricoles et industrielles, en prenant, sans les désorganiser, les établissements existants aujourd'hui, et en tenant compte de tous les droits acquis ; c'est du moins le but que j'espère pouvoir atteindre. Si je réussis à être utile, ce sera pour moi le bonheur le plus parfait. S'il en était autrement, je serais encore heureux en pensant qu'on me saura gré de mon intention, et que ma tentative ne peut être qu'applaudie ; et d'ailleurs, quand mes idées ne devraient apporter qu'un faible rayon au faisceau de lumières qui devra éclairer cette grande question, je me croirais encore assez dédommagé, car je trouverais ma récompense dans la satisfaction du cœur, qui est toujours précieuse.

Je réclame l'indulgence des personnes qui voudront bien prendre la peine de lire ce petit travail, car je ne suis qu'un ouvrier sans études classiques, qui, comme je le dirai, a été obligé de gagner son pain à la sueur de son front, depuis l'âge de quinze ans.

Si la méthode me manque pour grouper mes idées de manière à rendre la lecture agréable, je montrerai du moins que le courage ne m'a jamais abandonné depuis vingt ans que j'étudie cette question dans l'intérêt de mes frères comme dans le mien ; et je puis assurer que ma plume n'a été guidée que par la conviction, l'honnêteté et le désir que j'ai d'être utile à la société en publiant le résultat de mes méditations.

INTRODUCTION.

Dans une société bien organisée, il ne peut y avoir que des frères : c'est pour nous faire comprendre ce saint précepte, et pour le rappeler à ceux qui auraient eu le malheur de l'oublier, que Dieu a voulu nous faire naître du même père.

Tous les hommes sont nés libres, et la liberté est un droit sacré que nous devons défendre tant qu'il nous reste une goutte de sang dans les veines.

Ce grand principe étant reconnu, il est évident que nous ne devons former qu'une seule famille, dont l'égalité reste la base indispensable, et que la sagesse et la justice doivent garantir et défendre sous l'égide de la liberté, de manière que chaque membre de la grande famille humaine puisse jouir librement du fruit de son travail, sans exciter la jalousie de son frère.

C'est par l'oubli de ces devoirs que des fratricides se sont arrogé le droit d'enchaîner leurs frères et qu'ils ont misérablement méconnu les lois de Dieu !

Les insensés ! ils avaient oublié que notre père commun a écrit nos droits au fond de nos cœurs en lettres ineffaçables ; que ces droits sont sacrés et imprescriptibles ! Mais ces forcénés, en voulant river le dernier anneau de la chaîne qui devait nous asservir pour long temps encore, ont allumé, par le dernier coup de marteau qu'ils ont frappé, l'étincelle électrique qui a brisé cette lourde chaîne et l'a fait disparaître pour toujours.

Dieu nous a délivrés en nous rendant notre liberté, frères ! Etablissons l'égalité dans le travail ; que la fraternité soit le gage de l'association, qu'il faut regarder comme l'arche sainte d'où sortira le bonheur de l'humanité.

C'est un saint devoir que nous avons à remplir en travaillant tous à l'édification du monument sacré dont le grand architecte nous a tracé le plan ! Que chacun apporte sa pierre. Celui qui n'aura apporté qu'un grain de sable aura fait son devoir, s'il a fait selon ses forces.

A l'œuvre donc ! Ce temple, c'est l'organisation du travail. J'apporte mon grain de sable, et je mourrais heureux s'il avait trouvé utilement sa place.

ORGANISATION DU TRAVAIL.

L'organisation du travail ne peut avoir lieu que par l'association, et l'association bien comprise est la réalisation de la fraternité, comme elle sera le produit de la liberté, dont l'égalité est la sœur, attendu que par l'association doivent disparaître les dénominations de maître et d'ouvrier, remplacées par celle d'associés, fraternellement unis dans l'intérêt de tous et de chacun.

L'association peut s'effectuer de différentes manières. Il faut donc choisir, entre toutes, celle qui pourra s'établir sans secousse, c'est-à-dire sans désorganiser, mais, au contraire, en donnant une organisation solide à ce qui existe aujourd'hui. Cela peut paraître difficile à concilier ; cependant, si l'on veut examiner de sang-froid, il sera facile de le comprendre en méditant ce qui suit.

Dans la société qui a fonctionné jusqu'à présent, il se trouve deux intérêts en face l'un de l'autre : celui du maître qui achète, et celui de l'ouvrier qui vend sa liberté, pour un temps donné, et moyennant un prix plus ou moins bien débattu, suivant le besoin de l'un ou de l'autre des contractants. Il résulte de là que, chacun se croyant lésé, on se défie l'un de l'autre : l'ouvrier, par exemple, trouve toujours qu'il fait trop d'ouvrage pour le prix qu'il reçoit, et le maître en voudrait davantage. Voilà, à peu d'exceptions près, ce qui a lieu dans tous les ateliers.

Il faut avouer franchement que, dans quelques uns, il se trouve que certains maîtres gagnent beaucoup, et que les ouvriers qu'ils emploient n'ont qu'une journée qui fournit à peine de quoi pourvoir à leurs besoins et à ceux de leur famille. Aussi, que deviennent-ils s'il arrive quelque chômage? C'est qu'ils sont obligés de vendre leurs bras pour un morceau de pain, et d'aller à l'hôpital dans le cas où ils tombent accablés de maladies. Que devient la famille pendant ce temps ? Elle est obligée, pour vivre, d'abord d'engager ou de vendre le peu d'effets et de mobilier qu'elle a pu acquérir à grande peine dans les temps moins mauvais; ensuite, de mendier ou mourir de faim. Voilà le triste état où s'est trouvée continuellement une grande partie de la société qui vient de crouler !

Pour revenir au sujet qui nous intéresse tous, c'est-à-dire au moyen de faire disparaître au plus vite cette misère qui fait la honte de l'humanité, je dis : Le temps presse ; tâchons donc de réorganiser cette société au plus vite. L'association seule ayant le pouvoir de guérir cette plaie, mettons-nous à l'œuvre pour l'organiser. Mais, je le crois, il ne faut point chercher aujourd'hui à employer des matériaux inconnus ; je crois qu'il y a moyen de concilier tous les intérêts sans froisser personne. Hâtons-nous de produire ceux qui sont à notre connaissance.

D'abord, j'offrirais, comme devant faire atteindre le but, de commencer par organiser l'atelier existant, sur des bases équitables, par des moyens d'une exécution facile, et sans secousses ni perturbation.

Ainsi, ne pensons pas à établir des ateliers nouveaux qui viendraient combattre par la concurrence ceux qui existent déjà ; car la société aurait le temps de succomber pendant l'organisation de ces nouveaux ateliers. Et d'ailleurs, où prendrait-on les capitaux considérables qui seraient nécessaires pour cette organisation ? Qui donc serait assez hardi pour hasarder l'économie de toute sa vie dans une voie si inconnue ? Au contraire, en conservant l'atelier existant et qui marche déjà plus ou moins bien, nous n'avons plus qu'à nous donner la main et nous aurons bientôt obtenu ce que nous désirons tant, le bonheur de tous, par cette union fraternelle que nous prescrit l'Évangile.

Exemple.

Supposons un atelier déjà en marche depuis longtemps; pour le transformer, il n'y a qu'une chose à faire, c'est de changer les dénominations de *maître* et d'*ouvriers*, en substituant l'intérêt de tous à l'ancien état de choses, de manière que l'intérêt de chacun soit garanti suivant ses droits et le concours qu'il apportera aux travaux de la société, et enfin donner à tous le nom d'*associés*.

Apport de chacun.

Le chef d'atelier apportera : 1° tout son matériel, qui, comme par le passé, restera sa propriété personnelle ; 2° tous les moyens d'exploitation, soit par ses capitaux, soit par son crédit, comme il le faisait dans l'ancien ordre de choses ; 3° toute son intelligence d'ordre et d'organisation ; en un mot, la maison restera toujours sienne, et continuera de porter son nom, auquel seulement il devra ajouter : *et Compa-*

gnie fraternelle, pour qu'on puisse distinguer cette société de celles qui sont composées dans le système ordinaire.

Les travailleurs apporteront : 1° leurs bras, 2° leur intelligence ; ils ne seront dans l'association que commanditaires auxiliaires.

Le chef d'atelier aura le nom de *Gérant ;*

Les travailleurs, celui d'*Associés.*

L'association sera libre tant d'une part que de l'autre, c'est-à-dire qu'un travailleur ne pourra pas plus s'imposer à une société que la société n'aura le droit de le garder s'il avait la volonté de s'en retirer ; seulement, le travailleur qui désirerait se retirer devrait prévenir à l'avance, de manière à ne point laisser l'association dans l'embarras de le remplacer par un autre travailleur. De son côté, la société devra prévenir l'associé dont le concours pourrait ne plus continuer de lui être utile ; elle devra lui faire connaître le motif de cette séparation, qui ne pourra avoir lieu que dans un cas forcé, lequel, au reste, devra se trouver mentionné dans les statuts, de manière à ce que l'arbitraire ne vienne pas prendre la place de la raison.

Chacun des membres de l'association aura droit à

un *minimum*, qui lui servira pour ses besoins et ceux de sa famille. Dans aucun cas, ce *minimum* ne sera rapporté par celui qui l'aura reçu. Voici comment j'entendrais qu'il fût fixé dans les statuts de chaque propriétaire : il indiquerait la somme qu'il croirait utile et raisonnable de conserver pour les besoins de sa famille et pour faire honneur à la représentation de l'établissement dont il serait Gérant. La modestie devrait cependant présider à la fixation de ce prélèvement alimentaire : car, s'il arrivait qu'un chef d'atelier voulût émettre des prétentions exagérées, il en résulterait qu'aucun travailleur ne voudrait s'associer à lui ; par conséquent, il resterait dans l'isolement et ne gagnerait rien. Si, au contraire, il était raisonnable, il se contenterait de peu ; et, dans le cas où la maison prendrait un accroissement, il pourrait avoir un *minimum* plus fort, c'est-à-dire en rapport avec les frais de représentation qu'il aurait à faire dans l'intérêt de l'établissement.

D'ailleurs, je crois qu'il serait juste qu'il fût dit dans l'acte de société que ce minimum serait augmenté dans une certaine proportion (1) et à raison de

----

(1) Chacun des patrons qui voudra organiser son établisse-

tant par mille sur le montant des affaires qui pourraient être faites par la maison au delà du minimum fixé par les statuts. Le chef d'atelier étant déjà bien intéressé à faire produire de grands bénéfices, ce serait un moyen de plus pour augmenter son émulation; car s'il arrivait qu'il fût plus exigeant, les associés travailleurs l'abandonneraient pour de meilleures conditions, et, pour vouloir trop retenir, il perdrait tout.

Le minimum des travailleurs devrait aussi être fixé d'une manière juste et en raison de la force, du talent et de l'habileté de chacun; car il est évident que le jeune homme qui sort d'apprentissage, n'ayant encore acquis ni la force, ni l'habileté, ne peut prétendre à une part égale à celle de l'homme qui réunit la force

---

ment en *Société fraternelle* sera tenu d'abord de faire un acte par lequel il formulera les conditions auxquelles il entend recevoir les associés travailleurs; plusieurs exemplaires de cet acte devraient être déposés à la préfecture du chef-lieu, au tribunal, et à la mairie de la commune; il devrait aussi en être affiché dans les bureaux et dans les ateliers de l'exploitation, de manière à ce que chaque intéressé puisse en prendre connaissance toutes les fois qu'il le croirait utile.

Tous ces exemplaires devraient être signés du chef d'établissement et légalisés par les autorités compétentes.

et l'expérience. Aussi, nous pensons que, dans aucun cas, les salaires égaux ne seraient admissibles sans blesser la raison.

Si les *minimum* ne doivent pas être égaux, ils ne peuvent pas non plus être fixés arbitrairement comme l'ont été les salaires jusqu'à présent dans l'ancien ordre de choses. Je vais montrer le côté absurde de la manière dont les prix de journées étaient fixés, et ensuite je démontrerai comment ils pourraient être établis dans l'association.

Lorsqu'un ouvrier s'embauchait, on le mettait d'abord à l'ouvrage ; et, huit ou quinze jours après, quand on était censé connaître sa capacité, on le faisait passer au bureau et on débattait le prix : c'était ce qu'on appelait l'affutage dans beaucoup de corps d'états. Voici, du reste, à peu près comment cela se passait entre le maître et l'ouvrier.

Le maître assis près de son bureau, recevant l'ouvrier, marchandait son temps de la manière suivante :

Le Maitre. —— Combien voulez-vous gagner ?

L'Ouvrier. — La journée.

Le Maitre. —— Mais la journée, cela ne signifie rien, car j'ai des ouvriers à tout prix, depuis telle somme jusqu'à telle autre, et je ne puis savoir à *quelle journée* vous voulez prétendre en me parlant ainsi.

Je vous prie donc de formuler nettement quelles sont vos prétentions, et si vous êtes raisonnable nous pourrons marcher ensemble.

L'ouvrier finissait par formuler un prix, qui était disputé plus ou moins raisonnablement par le maître, et ce prix était accepté ou refusé, suivant le besoin. Quand les travaux n'allaient pas fort, l'ouvrier était forcé d'accepter n'importe quel prix, car il savait que ses enfants manqueraient de pain s'il refusait le morceau qui lui était offert; mais il se promettait bien qu'aussitôt qu'il en trouverait l'occasion, il ne se gênerait guère de laisser là le patron pour un autre. Souvent aussi le patron était obligé de donner à l'ouvrier plus qu'il n'était dans le cas de gagner, s'il manquait d'ouvriers, ayant pris des engagements pour livrer ses travaux à époque fixe. C'était, comme on le voit, une guerre continuelle, dont ils avaient à supporter les frais chacun à leur tour; aussi, à quelques exceptions près, étaient-ils presque toujours en défiance l'un de l'autre.

En association, au contraire, tout sera changé : il n'y aura plus ni ouvrier ni maître ; les intérêts étant communs, les défiances disparaîtront, puisque,

quand le travailleur agira dans l'intérêt de tous, il sera sûr que tous agiront également dans le sien. Les
prix du temps seront fixés équitablement, et si une
erreur se glissait, il serait dans l'intérêt de tous de
la réparer : c'est ce qui aurait lieu aussitôt qu'elle
serait reconnue.

Les prix du temps se trouvant proportionnels au
service que chacun rendra, il est évident que les
forts et les faibles pourront également être reçus
dans l'atelier, sans que l'on ait à les refuser, puisque
chacun ne recevra, soit en fixe, soit en bénéfice,
qu'une part relative aux services rendus.

Voici comment j'entends qu'on s'y prenne pour la
fixation des prix de journée, ou *minimum*, de chacun des
membres de l'association dans un atelier. Quand il aura
besoin d'un ou de plusieurs membres, le gérant en fera
la demande à un bureau institué pour ce service. Si
un travailleur convient à l'atelier, et que, de son côté,
il trouve qu'il doive accepter les conditions proposées
pour son contrat, il sera tenu de faire un noviciat
dont la durée aura été fixée par les statuts de l'association. Ce noviciat devra toujours être le plus court
possible ; cependant il devra avoir une durée suffisante pour qu'on puisse apprécier les capacités et la

force du nouveau membre : ce qui sera dans l'intérêt réciproque des contractants.

Les prix du *minimum*, pour être bien fixés, devront être mis en délibération entre tous les membres de l'atelier, avec mise aux voix, s'il est besoin. Au reste, il va sans dire que le nouveau membre ne serait pas forcé d'accepter le prix qui lui serait offert par le résultat de la délibération, s'il croyait pouvoir gagner davantage ailleurs. Cependant, si toutes les autres conditions de l'association pouvaient lui convenir, il aurait la faculté d'y rester au prix fixé par la majorité, sauf à lui à *reconcourir* trois ou six mois plus tard, et toutes les fois qu'il croirait mériter une augmentation. Cette condition serait très importante, surtout pour les jeunes élèves qui, sortant d'apprentissage, n'auraient encore acquis ni le *maximum* de leur force, ni celui du développement de leur intelligence; deux éléments qui font la base de l'habileté de tout travailleur.

Cette manière de fixer les rétributions me paraît infaillible pour faire accorder justice à chacun, en ce que les travailleurs, qui sont toute la journée ensemble, peuvent certainement mieux s'apprécier que le patron ne pourrait le faire. Or, qu'on veuille bien

observer que ce moyen est d'autant meilleur que, s'il
est de l'intérêt de tous de payer le plus bas possible
pour avoir une plus grande somme de bénéfice à partager, il est aussi dans l'intérêt de tous de fixer le
minimum avec justice; car, dans le cas où le bon travailleur croirait être moins rétribué qu'il ne le mérite,
il irait porter son talent et son intelligence à un autre atelier, qui saurait mieux l'apprécier; et l'atelier
qui le perdrait par cette cause ferait une faute, car
il est reconnu que ce sont toujours les bons travail -
leurs qui donnent le plus de bénéfice, bien qu'ils re-
çoivent plus que leurs inférieurs.

Ce système de rétribution sera en outre un moyen
continuel d'émulation entre tous les travailleurs, que
deux puissants stimulants pousseront continuellement, je veux dire l'amour-propre et l'intérêt; ce
qui n'existait pas dans l'ancien mode : car, à peu
d'exceptions près, dans chaque corps d'état les
journées étaient uniformément fixées, ce qui faisait que l'ouvrier, une fois arrivé à un certain degré,
ne s'inquiétait plus de pouvoir devenir plus habile,
parce que l'habileté n'était que rarement récom-
pensée.

Si la fixation proportionnelle des prix est importante en ce qui regarde le *minimum*, elle le sera également en ce qu'elle fixera encore la part de chacun dans le bénéfice éventuel, qui devra, bien entendu, être réparti entre tous et chacun, en raison des services qu'on aura rendus à l'association.

Il se pourra faire souvent qu'un atelier se trouvera composé de membres appartenant à plusieurs corps d'états. Dans ces cas, chaque corps aura à fixer le prix de sa corporation, étant plus à même de l'apprécier, et alors l'associé gérant devra présider la délibération (1).

Si le nombre des membres de l'association était regardé comme trop considérable pour la fixation des prix, on nommerait une commission de plusieurs membres pour l'association tout entière. Il est bien entendu que l'élection seule serait compétente pour toutes les nominations de ce genre.

Le titre de *contre-maître* devra naturellement disparaître : pour la dignité de chacun, il ne doit plus y avoir de surveillants ; mais de cette suppression naît un devoir pour tous, celui de faire connaître les

---

(1) Le Gérant devra toujours présider ; cependant, s'il en était empêché, il pourrait déléguer un des membres de l'association pour le remplacer.

membres parasites que le hasard aurait laissés s'introduire dans la ruche ; ils pourraient d'abord être avertis ou réprimandés, et, si l'habitude de paresse était passée à l'état chronique, l'association tout entière aurait à en délibérer et serait en droit de les rayer de ses contrôles.

Les contre-maîtres seront remplacés par des *guides* (1), qui auront à distribuer les travaux et à les diriger, d'après les ordres et les instructions de l'associé gérant. Tous les membres devront à ces guides obéissance absolue, en ce qui regardera les travaux, bien entendu ; différemment, la fraternité devra présider ; toujours elle aura pour corollaire l'égalité.

Les commis et tous les employés quelconques seront également associés et devront participer à tous les avantages de l'association, aux mêmes titres que tous les autres membres de l'atelier ; leur rétribution, comme pour tous les autres membres, devra être proportionnée aux services qu'ils rendront ; ils jouiront de tous les droits qui seront conférés aux autres travailleurs.

---

(1) Les Guides seront choisis par le chef de l'établissement.

Comme je viens de le dire, chacun des membres de l'association devra venir prendre une part dans les bénéfices obtenus sur les travaux exécutés et livrés dans le courant de l'année qui précédera le partage, lequel sera fixé suivant le genre de travaux, de manière à ce que les inventaires, qui devront faire connaître la position de la maison et les quotités des bénéfices, puissent avoir lieu aux époques où les travaux peuvent être suspendus sans occasionner de pertes.

Il est juste et bien entendu que les travailleurs associés ne peuvent participer dans les bénéfices que pour une portion qui, du reste, serait fixée d'avance par le propriétaire. On pourrait supposer un douzième, un dixième ou un huitième, enfin une fraction, que le gérant abandonnerait, suivant l'importance de son exploitation, comme aussi à raison de la quotité plus ou moins considérable de capitaux qui se trouveraient employés, soit dans le matériel, soit comme fonds de roulement.

Dans ce genre d'association, le travailleur aurait beaucoup à gagner, en ce que la partie qu'il recevrait comme *minimum* serait plus équitablement fixée; que, dans tous les cas, ce *minimum* devrait au moins remplacer *le prix de l'ancienne journée* pour ceux qui avaient une journée raisonnable, et devrait être augmenté pour quelques travailleurs qui ne pourraient pas trouver dans le prix de leur temps une somme qui pût les mettre à même de vivre et de faire vivre leur famille.... En outre, chacun d'eux aurait droit à une part de bénéfice dans une proportion relative au service qu'il aurait rendu à l'association. Ce bénéfice pourra devenir considérable, comme je vais essayer de le démontrer par l'exemple suivant.

Exemple.

Supposons un atelier où il se trouverait cinquante travailleurs ayant les ustensiles et machines nécessaires pour l'exploitation des produits qu'il se proposerait de fabriquer et de vendre. Je ne pourrais être taxé d'exagération en portant le chiffre annuel à une somme de 400,000 fr., et ce ne serait pas trop non plus que d'évaluer les *bénéfices nets* à 10 p. 100, c'est-à-dire à 40,000 fr. Le chef d'atelier pourrait largement abandonner le *dixième* de ce bénéfice à ses associés travailleurs, sans avoir à se plaindre de sa part, qui, je le crois, serait suffisante pour lui tenir compte de l'intérêt de son argent avancé, soit pour le matériel, soit pour le fonds de roulement, soit aussi pour indemnité de quelques pertes qui seraient insignifiantes, puisque avant de partager les bénéfices il faudrait que tous frais et pertes fussent déduits.

Aussi je crois que, comme il ne devrait pas se faire de spéculations de bourse dans ces sortes d'associations, le gérant devrait toujours agir avec beaucoup de sagesse, dans son intérêt comme dans celui de tous ses coassociés. Les précautions qu'il devra prendre, tant pour les marchés qu'il aura à contracter que pour les marchandises qu'il aura à livrer, les pertes ne devront jamais atténuer les bénéfices.

On pourra dire que quelquefois les bénéfices d'une opération industrielle ne s'élèvent pas à 10 p. 100 des livraisons brutes. Je sais que cela arrive dans certains cas ; mais je sais aussi qu'en général, lorsqu'il en est ainsi pour quelques industries, c'est que les dangers en sont moindres, et que presque toujours le produit brut est plus considérable avec le même nombre de travailleurs. Je sais en outre que, dans certaines industries, les bénéfices s'élèvent souvent à un chiffre beaucoup plus fort, et je suis persuadé que, si l'on prenait pour base la moyenne des bénéfices de toutes les industries, cette moyenne s'élèverait à plus de 20 p. 100.

Mais, me dira-t-on, vous avez prétendu qu'on pourra augmenter les bénéfices des uns sans restreindre celui des autres, cela présente contradiction ! Je répondrai que j'ai encore cette prétention, et dans un instant je présenterai des calculs qui devront suffire pour le démontrer. Cependant, et dès à présent, je me crois dans l'obligation de dire que, le bénéfice étant le produit qui dépasse les sommes déboursées pour les frais de toute nature, il doit appartenir, dans une proportion justement combinée, à tous ceux qui ont participé à sa production. Aussi, quand même le chef d'atelier devrait abandonner une partie des bénéfices, je crois que cela serait équitable et commandé par la justice, qui, dans l'intérêt et pour le bonheur de tous, doit présider à tous les actes de la société, si l'on veut qu'elle soit établie sur des bases solides et inébranlables.

Je reviens à mon sujet, et voici comment j'établis qu'en donnant une partie des bénéfices, le chef d'atelier aura plutôt gagné que perdu : car si, dans l'état d'isolement où nous sommes aujourd'hui, le bénéfice est de 10 p. 100, il sera peut-être de 15 par l'effet de l'association. Sa participation à ce nouveau bénéfice sera de beaucoup plus grande que la portion de ce bénéfice perdu pour tous jusqu'à présent, qu'il aura consenti d'abandonner aux travailleurs.

Sous l'ancien régime, pourrait-on dire quel était le lien qui unissait l'ouvrier (l'esclave) au maître? Il est évident qu'il n'y en avait aucun, et qu'au contraire la jalousie des uns et l'esprit de domination des autres en faisaient des ennemis naturels. On pourrait m'objecter qu'il se trouvait de bons maîtres et des ouvriers reconnaissants. Je n'ai certainement pas l'intention de le nier; mais je pose des principes généraux, et je n'ai nullement à m'occuper des exceptions

Je dis donc que celui qui avait vendu son temps pour un prix débattu avait toujours peur d'en donner pour une somme plus forte. Et d'ailleurs ce maître n'était-il pas assez riche? Qu'avait-il donc à s'occuper de l'augmentation de sa fortune? Il savait bien, cet ouvrier, que, si son maître devenait plus riche, il pourrait donner du superflu à ses enfants, qu'il pourrait leur procurer toutes les joies de la société; mais il savait aussi que les siens n'auraient pas une seule jouissance de plus; que même, s'il se voyait un jour privé de son travail (de son esclavage), il ne saura comment faire pour leur donner le morceau de pain indispensable à leur existence ; il savait, de plus, que la même chaîne les devait attacher au même joug, lui, et toute sa succession.

Si, au contraire, vous brisez cette chaîne, en unissant fraternellement par l'association les maîtres et les ouvriers, tout sera changé dans l'atelier ; le soleil de l'espérance viendra réchauffer les cœurs de ceux qui ne s'y étaient vu employer que comme des instruments ; ils béniront leurs frères, et verront avec joie leurs enfants ne former qu'une seule famille avec ceux de leur ancien maître ; enfin, ayant à travailler pour leur propre compte, leur activité sera constante, et la somme du travail d'associé sera très certainement plus considérable que celle de l'ouvrier esclave, sans augmentation ni du matériel ni de la mise de fonds. D'autres causes viendront encore se joindre pour augmenter la somme des bénéfices. Pour vous les faire comprendre, je vais vous initier à ce qui se passait dans l'atelier sous le précédent régime.

D'abord, il faut dire qu'aux heures d'entrée aux ateliers, l'ouvrier n'était jamais pressé ; qu'il n'entrait guère que cinq à dix minutes plus tard qu'il n'aurait dû le faire, et qu'il ne se mettait au travail que très lentement, et, enfin, qu'il n'aspirait qu'à sortir le plus vite possible. Aucun intérêt ne le retenait. Cela recommençait à toutes les entrées et sorties, ainsi qu'aux heures des repas, c'est-à-dire trois entrées et trois sorties. Quand ils seront associés, au contraire, ils sauront qu'en perdant du temps, ils se feront du tort à eux-mêmes ; ensuite les camarades associés auront le droit d'y faire attention et de les signaler, s'il y avait habitude. Il est donc certain que, la journée étant de dix heures, en supposant seulement cinq minutes chaque fois pour les trois entrées, ce serait un quart d'heure pour chacune, ce qui est, certes, bien modeste, et représente cependant une quarantième partie de chaque journée. En outre, pendant le travail, dès que le maître ou le contre-maître avait besoin de s'absenter, c'était une désolation de voir comment chacun quittait son travail pour causer ou faire quelque farce aux uns ou aux autres des camarades de l'atelier, ce qu'on pourrait regarder comme important; et, ensuite, en supposant que le maître ou le contre-maître fût toujours près d'eux, on peut remarquer que, dans un atelier considérable, il est impossible de bien surveiller, et si, parmi les ouvriers, il s'en trouve quelqu'un qui veuille le faire observer, il est mal vu de ses camarades, on l'appelle *flatteur;* bien heureux s'il n'obtient pas le surnom de *mouchard*. J'aurais bien voulu éviter cette misérable explication, et faire grâce de ce honteux tableau ; mais je n'ai pu passer sous silence quelque chose de semblable, dans la persuasion où je suis qu'il faut signaler les abus pour faire comprendre combien nous devons tous désirer la disparition de cet état de choses qui doit faire honte à la société.

Je suis convaincu que la perte de temps dont je viens de parler équivaut au moins à un dixième de la ournée, même davantage pour quelques ouvriers. Voici une preuve qu'il serait impossible de contester ; elle est concluante, et je la prends dans le parallèle que j'établis entre les résultats des travaux qui se font aux pièces, comparés à ceux qu'on fait à la journée. Ainsi, il n'est pas rare de voir qu'un ouvrier gagnant 3 fr. 50 cent. ou 4 fr. à la journée en gagne 5 ou même 6 aux pièces : ce qui, au lieu d'un dixième, est au moins du quart, soit 25 p. 100. Si l'on en cherche le motif, on le trouve en ce que l'ouvrier travaillant librement et pour son propre compte est assuré qu'il obtiendra la récompense de la peine qu'il se donne dans un supplément de bénéfice, qui peut lui servir à rendre sa famille plus heureuse : c'est justement ce qui arrive. Avec les effets du système d'association, on aura à ajouter au bénéfice matériel l'effet moral de la dignité satisfaite dans le nom d'associé remplaçant celui d'ouvrier.

Le bénéfice de l'association portera son influence, non seulement sur les points que je viens d'indiquer, mais encore sur d'autres que je crois très importants et que je vais énoncer.

Dans l'ancien ordre de choses, l'ouvrier n'avait aucun intérêt à la conservation du matériel; aussi se faisait-il une douce habitude de ne pas s'en occuper. Dans le nouveau, tout doit changer, car il est de son intérêt de faire en sorte d'éviter les réparations, qui, venant augmenter le chiffre des frais généraux, diminueraient d'autant sa part de bénéfice. Ce qui a lieu pour l'entretien du matériel doit évidemment avoir un résultat semblable au sujet des matières à employer pour la confection des produits. L'associé, dans son intérêt, devra donc apporter beaucoup d'économie en toute chose, puisque le bénéfice de cette économie lui appartiendra comme à tous ses frères?

Par le mode d'association, tout le monde a donc à gagner, associé gérant comme associés travailleurs commanditaires. Chacun en venant prendre sa part de bénéfice pourra dire : « Ce que je viens réclamer, je » puis l'avouer hautement ; ce n'est pas le bien d'au- » trui, c'est le fruit de mon intelligence, de mon » économie et de mon travail ; il m'appartient ; je » puis en disposer librement et avec fierté dans l'in- » térêt et pour le bien-être de ma famille. »

D'après ce qui vient d'être expliqué, je pense qu'il faudrait être de mauvaise foi pour vouloir pré- tendre que le bénéfice que l'on accorderait au tra- vailleur puisse retirer une obole de ce qui doit ap- partenir au chef d'atelier. On doit reconnaître, au con- traire, que, dans ce système, le gérant peut librement vaquer à ses affaires du dehors comme de la maison, en emportant la certitude que, malgré son absence, tout marchera régulièrement. Il aura pour garantie l'in- térêt de chacun et de tous ses associés, qui, veillant pour eux-mêmes, veilleront en même temps pour lui.

Le partage des bénéfices pourra avoir lieu tous les ans après l'inventaire général. Pour le faire équitable- ment, il faudra distribuer à chacun sa part en raison des services rendus à la société, c'est-à-dire qu'ils devront être partagés *au centime le franc*, d'abord dans la proportion du prix minimum de chacun, et ensuite selon la durée du temps fourni à l'atelier. Ainsi, un associé qui n'aurait travaillé que 200 jours dans le courant d'une année ne pourrait prétendre à une part égale à celle d'un associé qui aurait fourni 300 journées.

Pour arriver à reconnaître la quantité de chacun et pour éviter les écritures, on pourrait employer un moyen simple.

Voici celui que je proposerais :

Il faudra avoir dix cachets d'entrée et dix cachets de sortie pour chacun des travailleurs ; ces cachets formeront deux séries de couleurs différentes, de telle sorte qu'il soit impossible de se tromper en les distribuant. Chaque série sera numérotée depuis un jusqu'à dix ; ces numéros représenteront les dix heures de la journée. Lorsqu'un travailleur entrera à l'atelier, il lui sera délivré un cachet indiquant l'heure de son entrée. A chaque heure de repas, il aura soin de faire connaître sa présence, et le soir, en sortant, il échangera le cachet qu'il aura reçu le matin, contre un autre indiquant le temps qu'il aura fait pendant la journée ; à la fin de la semaine il remettra ceux qu'il aura reçus les jours précédents, et il retirera un cachet unique marquant le nombre de jours *faits*. Si la semaine est entière, ce cachet indiquera six jours, et, dans le cas où elle ne

sera pas entière, il mentionnera le nombre de jours
et d'heures. Au bout de chaque mois, les cachets
reçus à la fin de chaque semaine seront changés contre un bulletin énonçant le *temps fait* pendant le mois
entier; il portera également le nombre de jours et
d'heures. De sorte qu'à la fin de l'année, chaque travailleur saura au juste ce qu'il aura fait de temps, et
ce sera en raison de ce temps qu'il viendra prendre
sa part des bénéfices réalisés (1).

Tous ces cachets devront être notés sur une feuille
spéciale, de manière à ce que, s'il s'en trouvait de
perdus, on puisse reconnaître le *temps fait*, sans aucune difficulté.

A la fin de chaque année, le travailleur associé remettra ses bulletins mensuels à l'administration; il lui
sera donné en échange, un bulletin indiquant le temps
fait, par jours et heures. Ce bulletin devra être con-
servé avec soin, car il deviendra d'une grande impor-

---

(1) Dans le cas où il se trouverait que, par une cause
quelconque, des travailleurs n'auraient fait qu'une fraction
très minime de temps pendant l'année, ils ne pourraient se
présenter pour recevoir leur part de dividende qu'à l'époque
fixée par l'acte, et il leur en serait tenu compte d'après le
temps marqué sur le bulletin dont ils devraient être porteurs.

tance un jour, comme on pourra en juger plus loin.

Bien que, dans l'association, comme on vient de le voir, chaque travailleur soit réellement intéressé à employer utilement son temps, je voudrais néanmoins qu'il fût frappé trois médailles, une en bronze, une en argent et une en or. Je n'attacherais aucun prix à la valeur *numérique* de ces médailles, c'est-à-dire qu'elles pourraient être aussi petites qu'on le voudrait; elles recevraient leur véritable importance dans la distribution qui en serait faite de la manière suivante :

Celle de bronze, à chacun des travailleurs qui aurait fait un certain temps pendant l'année;

Celle d'argent, à ceux qui en auraient fait davantage;

Et celle d'or, à tous ceux qui auraient fait l'année complète.

Il faudrait que ces médailles pussent être portées par ceux qui les auraient obtenues (1), comme mar-

---

(1) Un décret pourrait être rendu pour autoriser les citoyens qui seraient dignes de ces *marques d'exactitudes* à les porter à la boutonnière, comme cela a lieu aujourd'hui pour les décorations légales.

Pour donner plus de prix à ces marques de distinction, il

ques distinctives. Pour arriver au but que je désire-
rais leur faire atteindre, il faudrait, en outre, qu'il en
fût fait mention sur le journal de chaque chef-lieu de
département; de sorte que tous les citoyens laborieux
fussent connus de leurs compatriotes, dont ils seraient
sûrs d'obtenir l'estime, méritée par une bonne conduite.

Organiser le travail, faire que chacun puisse participer aux bénéfices en raison des services qu'il aura
rendus à la société, c'est entrer dans l'accomplisse-
ment de la loi de Dieu, qui a tout fait pour tous.

C'est bien commencer, mais ce ne serait pas suf-
fisant. Il faudra faire plus : il faut arriver à détruire,
d'une manière certaine, la mendicité; faire que les
vieillards et les infirmes, qui ont usé leurs forces au
service de la société, ne soient pas dans la nécessité
de déposer leur dignité, en s'amoindrissant et s'abais-
sant à tendre la main pour implorer le pain qui devra
les empêcher de mourir de faim. Il ne faut pas non
plus qu'un père, pour éviter cette humiliation, soit
obligé de prendre à ses enfants une portion de leur

---

faudrait qu'elles fussent distribuées solennellement, soit par le
préfet, soit par le maire de la commune; et une inscription
devrait en être faite au ministère des travaux publics.

nécessaire : ce serait l'assujettir à une douleur inces-
sante, et lui ôter la supériorité morale que la nature
lui a destinée en le rendant chef de famille !

De même, il ne faut pas que l'homme honnête qui
aura été mutilé sur le champ de bataille des travailleurs et mis forcément hors de service soit privé des
jouissances de la vie et confiné dans un hôpital, où les
douceurs de la famille lui seraient interdites : ce serait
ajouter à ses douleurs physiques les douleurs morales,
que je regarde comme les plus poignantes, parce que
c'est toujours au cœur qu'elles vont frapper.

En conséquence, je regarde que la société tout
entière est intéressée à voir disparaître le fléau de la
mendicité ; car non seulement il abaisse l'homme pour
lui faire supporter la détresse, mais encore il l'oblige
à faire l'abandon de ce qu'il a de plus cher, en le pous-
sant à la dégradation, au vice, et souvent même
au crime.

Le nom de frère étant le plus beau qu'on puisse se
donner, il ne doit pas seulement sortir de notre bou-
che comme un son qui frappe agréablement l'oreille,
mais il doit être gravé dans le cœur de chacun de
nous, de manière à rapprocher les hommes aux jours
de la douleur comme aux instants de la joie.

Aujourd'hui que la République a de nouveau proclamé cette vérité sainte et sacrée, nous devons nous hâter, dans l'intérêt commun, d'amoindrir d'abord et de faire disparaître au plus tôt cette plaie hideuse de l'humanité : *la misère*.

Voici un moyen qui, je l'espère, effectuera la réalisation de cette précieuse amélioration sociale.

Il serait imposé à tous les chefs d'atelier l'obligation de verser, dans une caisse établie exprès par le gouvernement, une certaine somme au nom de chacun des travailleurs qu'ils emploieraient pour le compte de la société (1). Ces versements pourraient avoir lieu à la fin de chaque mois. Cette obligation de versement serait impérative, et sans que personne pût jamais s'y soustraire, sous aucun prétexte, car ce seraient les sommes versées qui devraient servir un jour à la *réhabilitation* physique et morale de la Société.

En fixant à 20 c. (2) par jour pour chaque travailleur cette contribution, qui serait versée comme je

---

(1) Je voudrais que dans tous les cas, il fût fait une loi qui obligerait les chefs d'atelier et les travailleurs, associés ou non, à l'exécution de ce versement, que je regarde comme l'institution la plus utile et la plus morale : car elle serait la base de la tranquillité, non seulement de chaque citoyen, mais encore de la République.

(2) Ces versements pourraient peut-être se fixer différem-

viens de le dire, et en laissant s'augmenter ces som -
mes, tant des intérêts cumulés que des parts de ceux
que la mort aurait emportés avant l'âge qui va être in-
diqué, il en résulterait, d'après un calcul basé sur une
table de la loi de mortalité en France, selon Duvillard,
et dont le point de départ est un million d'âmes, et le
terme réduit à une seule au bout de 109 ans ne laissant plus personne à 110 ans; il en résulterait, dis-je,
qu'en commençant le versement par ceux qui restent
vivants à l'âge de 19 ans, et en supposant 300 jours
de travail pour chacun, et le continuant jusqu'à l'âge
de 55 ans, époque où devrait avoir droit à la pension chacun des membres survivants, il se trouverait en caisse, pour y faire face, une somme de
2 milliards 291 millions 258 mille 58 francs
(2,291,258,058 fr.).

Avec ce chiffre, on pourrait servir à chacun une
pension de 1,000 fr. par année. Il est entendu que,
pour cela, on serait obligé d'entamer et par conséquent d'amoindrir le capital, qui, au vingt-troisième

---

ment pour les habitants des campagnes, où les dépenses de la
vie et l'entretien sont à meilleur marché; du reste, ce serait
une chose à examiner dans l'intérêt de la justice et de l'é-
quité.

prélèvement, se trouverait réduit à 990,564,847 fr. Les hommes restant à cette époque seraient âgés de soixante-dix-huit ans (78). A cet âge, le nombre proportionnel dans la mortalité s'accroît, et si les fonds en caisse ne devaient absolument servir qu'à acquitter les pensions, à raison de mille francs jusqu'à l'extinction de tous, ce qui aurait lieu pour le dernier à l'âge de 110 ans, il se trouverait en caisse à cette époque fatale une somme de 3 milliards 459 millions 819 mille 867 francs, c'est-à-dire 1,168,561,809 fr. de plus qu'au jour du premier prélèvement.

Tous ces calculs sont énumérés dans l'hypothèse où chacun des membres aurait régulièrement fait 300 jours de travail par année, ce qui n'est guère possible pour tous, attendu que bien des circonstances peuvent, malgré la meilleure intention, maîtriser la volonté des plus actifs même. Aussi n'ai-je nullement l'intention de fixer à 1,000 fr. la pension pour tous, mais seulement pour ceux qui auraient exactement donné lieu à des versements en caisse à raison de ce temps. Quant à ceux qui auraient moins travaillé, il est évident qu'ils ne pourraient prétendre qu'à une pension proportionnelle au temps de travail qu'ils auraient fait, c'est-à-dire en raison des versements effectués en leur nom. Si, par contre, il se trouvait des personnes ayant fait plus de trois cents jours par année, il est évident que leur pension devrait être accrue dans la même proportion, puisque les versements doivent toujours suivre le travail de chacun. Ainsi, du jour du premier versement fait au nom d'un citoyen travailleur à celui où il sera âgé de 55 ans, époque où il aura le droit de toucher sa pension, il sera dressé un état donnant le nombre de jours faits par lui pendant cet espace de temps, et c'est d'après ce relevé que le taux de la pension sera fixé.

Cette manière de régler la pension de chacun n'est pas seulement juste et équitable, mais elle devient en outre un moyen d'encouragement et d'émulation pour tous, puisque son importance, étant en rapport avec les services rendus, doit donner de plus grandes jouissances à ceux dont la conduite aura été la plus régulière.

La formation de la caisse devra encore rendre d'autres services que celui de faire face aux pensions; elle pourra également subvenir aux besoins de ceux qui viendraient à être estropiés pendant l'exercice de leur travail, comme aussi pour secourir leur famille dans le cas où ils ne pourraient plus remplir ce devoir. Voic à quoi il me semblerait utile d'employer l'excédant de cette caisse, si, malgré les services de toute nature auxquels elle pourrait suffire, il restait encore un fonds disponible ; ce fonds de caisse appartiendrait de droit aux successeurs, dans une proportion égale au droit de ceux auxquels ils succéderaient. Toutefois, je pense que les sommes qui en proviendraient ne devraient pas être partagées, mais passées aux comptes des héritiers, pour venir grossir la pension à laquelle ils auraient droit à leur tour.

J'ai dit que les 20 centimes à verser pour chaque journée de travail devraient l'être par le chef d'atelier ou gérant de l'établissement ; toutefois, je pense que le travailleur devrait au moins en supporter le quart, qui serait retenu sur le prix de son travail.

Des caisses du même genre devraient aussi être établies pour garantir les moyens d'existence des femmes qui auraient rendu service par leur travail, et la quotité des versements qui devraient être faits à cet égard serait en proportion de leurs besoins.

J'ai supposé que les fonds versés à cet effet devraient porter intérêt à raison de 5 p. 100, et que cet intérêt devrait être garanti par l'État, qui les aurait en sa possession.

Les capitaux provenant de cette caisse pourraient servir de fonds de roulement à une banque où l'agriculture (1) et l'industrie auraient le droit de faire des emprunts; mais seulement en donnant des garanties hypothécaires suffisantes, de manière à ne laisser jamais aucun sujet de crainte.

Par l'établissement de cette banque, on rendrait un énorme service à la nourrice du peuple, c'est-à-dire à l'agriculture; ce qui lui permettrait de se développer d'une manière plus large qu'elle ne l'a pu faire jusqu'à présent, qu'elle a été rongée par l'usure presque toutes les fois qu'elle s'est vue obligée à l'emprunt, *ce qui lui arrive souvent.*

Quant aux hypothèques devant servir à la garantie des sommes prêtées à l'agriculture, elles devraient être sans frais autres que ceux des dépenses indispensables.

Cette caisse deviendrait un grand moyen de moralisation, car elle mettrait en jeu l'amour-propre de

---

(1) Et pourrait même être affecté à une banque nationale, qui en ce point remplacerait très avantageusement la banque de France, parce que le capital serait bien plus considérable. L'institution d'une banque avec des capitaux d'une telle provenance serait une garantie morale et physique pour tous, puisque chaque citoyen en serait actionnaire de fait.

chacun, en garantissant une existence honorable à tous ; quand je dis à tous, je veux dire aux producteurs, sans en excepter les gérants ou chefs d'ateliers, qui, versant pour eux une somme égale à celle qu'ils auraient à verser pour chacun des travailleurs, auraient, eux aussi, droit à une pension (1).

Si nous voyons dans ce mode d'organisation des garanties matérielles pour tous, nous devons reconnaître aussi qu'il garantit également l'indépendance et la liberté de chacun. Cette liberté sera d'autant

---

(1) Je crois que la pension des chefs d'ateliers devrait être plus forte que celle des associés travailleurs. Ce n'est certes pas que je pense qu'ils soient au dessus des autres hommes : Dieu me préserve d'une pareille pensée ; mais le chef d'atelier me paraît le mériter, en ce qu'il ne doit pas seulement travailler un certain nombre d'heures chaque jour, mais encore en ce que tout son temps doit être donné sans compter les heures, dans l'intérêt de la société ; qu'il doit même s'en occuper la nuit, s'il en est besoin, et qu'enfin, il a exposé et peut être perdu son avoir dans l'intérêt de tous.

Si je crois qu'il est juste que la pension soit plus forte pour les chefs d'ateliers que pour les associés travailleurs, je crois aussi que, s'ils avaient bien fait leurs affaires, il serait honorable pour eux de ne pas prendre cette pension à laquelle ils auraient droit ; et les sommes qu'ils laisseraient serviraient à améliorer le sort des moins heureux.

plus douce qu'elle pourra être exercée et goûtée sans rien prendre à celle d'autrui, en conservant l'égalité et resserrant les liens de la fraternité, car il ne pourra plus y avoir de jalousie entre les enfants de cette grande famille républicaine, qui, par là, devra vivre heureuse du bonheur de tous. Peut-être voudra-t-on objecter que cette imposition de versement à la caisse des pensions devra avoir pour résultat d'augmenter le prix des objets de la fabrication, et que cela pourrait fort bien nous empêcher de marcher en concurrence avec nos voisins pour les expéditions qui se font à l'étranger ; ou bien que, pour éviter cette difficulté, on sera obligé de diminuer d'autant le prélèvement journalier de chacun, ce qui occasionnerait effectivement une gêne dans la famille.

A cela je réponds, et je l'ai dit plus haut, qu'en association il sera fait beaucoup plus de travaux dans un temps donné, et avec une même quantité de travailleurs, qu'il n'en a été fait jusqu'à présent. Sous l'ancien régime, personne n'avait intérêt à pousser les travaux, si ce n'était le chef de l'établissement.

En association, au contraire, les bénéfices étant communs, chacun n'aura-t-il pas intérêt aux per-

fectionnements et aux bons effets des outils et machines employés dans les différents ateliers (1) ?
Qu'on y songe bien, avec un pareil moyen d'émulation les produits seront doubles dans bien des circonstances, et alors il sera facile de comprendre que
le faible prélèvement de 20 centimes pour chaque
travailleur deviendra complétement insignifiant, et,
par conséquent, ne pourra apporter aucune influence
sur le prix de vente pour les objets à expédier.

La question de perfectionnement des outils et machines m'a conduit tout directement à parler des brevets d'invention, sujet grave en matière d'industrie,
et tellement important qu'il ne pourrait être négligé
dans un projet d'organisation du travail. C'est ce qui
va être l'objet du paragraphe suivant.

Des Brevets d'invention.

Jusqu'à présent ils ont été regardés comme de-

---

(1) C'est au moyen des machines et des outils perfectionnés
que les Anglais, qui paient à leurs ouvriers les salaires plus
cher qu'on ne les paie généralement en France, doivent le
plus souvent la facilité de donnerleurs produits à plus ba
prix.

vant garantir à l'inventeur la propriété des résultats de ses combinaisons, soit en inventions, soit en découvertes, soit en perfectionnements. Examinons s'il serait convenable et juste de les conserver sans nuire au développement général de l'industrie (1).

Voyons s'il ne serait pas possible de concilier les intérêts de la société avec ceux de l'inventeur par quelque chose de plus démocratique? Je crois qu'il y a des droits des deux côtés, et que les brevets, tels qu'ils sont aujourd'hui, sont insuffisants pour y satisfaire. Or, s'il n'est pas possible de les faire entièrement disparaître, au moins ils peuvent être modifiés de manière à les rendre plus utiles à l'inventeur, sans lui conserver le droit absolu du monopole, lequel fausse, sous un gouvernement démocratique, la devise *Liberté, Égalité, Fraternité*; devise sainte et sacrée, que nous devons reconnaître comme symbole de paix et d'union entre nous.

Eh ! quel est donc l'inventeur qui oserait se dire

---

(1) Je regarde le droit de propriété industrielle comme étant un des plus sacrés, mais c'est à cette principale condition qu'il pourra être utile à tous.

le propriétaire unique de ses idées? Si, par hasard, il s'en rencontrait un assez osé, je lui soutiendrais le contraire, en lui faisant observer qu'elles lui viennent de Dieu; que, par conséquent, il n'en est que dé-positaire; que c'est un devoir qui lui est imposé de les coordonner pour en faire jouir ses frères; que se les approprier particulièrement serait un égoïsme qui, dans une société républicaine, devrait être puni, non pas par le dédain, mais par le mépris le plus complet.

En disant que les brevets (c'est-à-dire les privilé-ges exclusifs) doivent disparaître, je n'ai nullement l'intention de léser les intérêts de l'inventeur; mais, au contraire, je voudrais l'honorer et lui donner les moyens de mettre ses idées plus facilement au grand jour; je veux que lui aussi puisse jouir des dons qu'il a reçus de la nature; qu'il puisse en tirer parti, et comme intérêt et *comme honneur*, si l'objet inventé le com-porte, et que sa considération puisse s'élever en rai-son de la distinction de son talent et du dévoûment qu'il aura mis à transmettre à tous le dépôt qui lui avait été confié en particulier.

Pour faire comprendre avec quelle facilité on pour-rait concilier les intérêts de tous, je vais d'abord essayer d'esquisser la position de l'inventeur sous le poids du brevet, tel qu'il est délivré aujourd'hui ; je vais montrer que c'est une charge et une cause d'ennuis, de tourments continuels de toute natures ; car il est très rare, avec les brevets, de ne pas avoir de procès, si le procédé breveté est le moindrement bon. Dans ce cas, il arrive presque toujours qu'un nombre considérable de personnes cherchent à s'en emparer. Il faut que le breveté soit constamment à la piste pour découvrir les spoliateurs, et, certes, cela est difficile dans un pays aussi étendu que la France.

Mais supposons l'inventeur dans la meilleure condition possible, c'est-à-dire qu'après avoir déjà payé pendant une ou deux années, et d'avance, les cent francs de chaque annuité, ayant en outre dépensé des sommes considérables pour s'outiller, il se trouve à même de pouvoir fabriquer et livrer ses produits au public. On doit croire alors que tout ira bien ; mais c'est une erreur, attendu que, comme sa nouvelle machine ou son nouveau produit vient faire concurrence à ce qui existe déjà, il se trouve avoir contre lui tous les intérêts qu'il froisse.

Ainsi, supposons un homme ayant inventé une nouvelle chose qui peut être utile ; et prenons pour exemple celle du chapeau de soie. L'invention faite, l'auteur a dû se mettre en garde contre quiconque pourrait un jour avoir la résolution de s'emparer du fruit de son idée ; et, pour cela, il a dû avoir recours au brevet, qui, dit-on, garantit, — Quoi ? — Rien, si ce n'est des procès à faire ou à soutenir. Ainsi, c'est pour avoir ce droit qu'on a dû payer 1,500 fr. En supposant que tout aille pour le mieux : que l'inventeur ait pu payer le prix de son brevet, et qu'il ait pu même fabriquer des chapeaux pour les vendre, il ne peut se mettre marchand en détail, et par conséquent il est obligé de les offrir à ceux qui font habituellement ce commerce. Mais par malheur il n'a pas réfléchi que ces bons marchands, qui ont leurs magasins approvisionnés de feutres, ne se décideront que difficilement à abandonner leur routine et à se casser la tête pour faire ressortir les avantages de la nouvelle invention, et, qu'au contraire, la jalousie les portera généralement à dénigrer la chose nouvelle. Je me rappelle, moi, avoir entendu dire par des chapeliers que l'invention des chapeaux de soie était une absurdité ; qu'ils ne réussiraient certainement pas ; et ils s'évertuaient, au contraire, à montrer au consommateur combien le feutre était préférable ; ce qui fit que pendant

tout le temps de la durée du brevet les chapeaux de
soie étaient sensés ne rien valoir ; mais, aussitôt l'invention tombée dans le domaine public, leur utilité fut
appréciée, et les mêmes marchands qui avaient in-
cessamment contesté leur valeur, furent les premiers
à les propager et à démontrer que c'était la coiffure
la plus commode, la plus propre et la moins chère.

Ainsi, on le voit, sous l'empire du monopole, les
inventeurs n'obtiennent que des déboires continuels :
d'abord ils paient les annuités de la taxe ; ils usen t
leur vie dans l'espérance qu'un jour on saura apprécier ce qu'ils ont fait ; dans la confiance où ils sont de
l'utilité de leur invention, ils font mille efforts pour
en obtenir de bons résultats ; ils s'épuisent en priva-
tions de toutes espèces pour arriver à la perfection,
bien heureux encore si ce dévoûment n'est pas récom-
pensé par le sarcasme de ceux qui, n'étant bons qu'à
jouir dans leur incapacité, leur donnent le surnom
de *rêveurs* ou de *fous !* C'est ainsi qu'ont presque toujours été traités les plus grands génies dont nous te-
nons les inventions et les découvertes les plus mer-
veilleuses et les plus utiles. Je pourrais citer mille
noms des plus honorables qui ont eu à subir toutes
ces misères, et qui n'ont été appréciés qu'après leur

mort. Mais à quoi cela servirait-il? Tout le monde le sait aussi bien que moi. Aussi je ne fais que le rappeler, pour qu'on puisse reconnaître les motifs qui me déterminent à demander le droit de tous et la réhabilitation des hommes qui devraient sans contredit être placés parmi les bienfaiteurs de la société.

Non! la république de 1848 ne voudra pas maintenir, sans la modifier, une loi qui fausse celle de la nature (1); elle ne voudra pas que les hommes formés pour être ses interprètes auprès des autres hommes soient plus long-temps assujettis à de pareilles injustices; elle ne voudra pas, dis-je, que le génie qui a créé tout pour le bonheur de tous soit privé de ses bienfaits.

On a pu voir que le brevet est un monopole qui ne sert qu'à retarder l'effet des lumières, et à nous priver, pendant sa durée, d'une découverte quelquefois des plus importantes, sans qu'il en résulte aucun bénéfice pour son auteur, qui souvent n'a eu que des contrariétés en compensation, justement parce que

---

(1) Je crois qu'il est indispensable de s'occuper au plus vite de cette question, qui doit faire partie de l'organisation du travail; c'est au gouvernement qu'il appartient d'aviser.

le brevet, qui devait le protéger, ne le protégeait pas
du tout. Je dois donc affirmer que, pour beaucoup d'inventeurs, au lieu d'être utile, il devient une charge
souvent bien lourde pour son possesseur, à moins
qu'il ne soit riche d'avance, de manière à pouvoir
l'exploiter seul ou à inspirer la confiance. Je crois
pouvoir assurer qu'il est rare de voir un homme de
génie devenir riche par ses brevets ; mais il est, au
contraire, très commun de voir des hommes d'un grand
talent se ruiner en voulant mettre leur invention au
jour, et avant même d'avoir pu finir l'exécution de
l'œuvre qui doit faire la gloire de son pays, et souvent
donner des travaux à des milliers de bras. Eh ! à quoi
lui sert donc son brevet, qu'il a quelquefois payé de
la tranquillité d'une partie de sa vie, puisque, après
avoir engagé et vendu tout ce qu'il possédait, dans l'espérance de rétablir sa fortune, il arrive un jour où lui
et ses enfants ont faim, et que, ce jour-là, il faut cé-
der pour quelques gros sous un trésor qui a coûté si
cher ? D'ailleurs, sans cela, est-ce que son idée n'a
pas éveillé l'envie de vingt ambitieux qui, n'ayant
pas éprouvé tous ses déboires, profitent de son expérience, et arrivent souvent par des faux-fuyants à
recueillir le bénéfice et la gloire qui auraient dû
l'enrichir et couronner ses travaux ? Je sais bien

que quelquefois, mais bien rarement, il a été élevé des monuments en l'honneur des génies qui ont doté leur pays d'inventions qui doivent effectivement les immortaliser; mais cette récompense trop tardive n'est qu'un moyen d'exciter d'autres âmes d'élite à souffrir le même martyr.

J'en conclus qu'il est indispensable de changer un état de choses qui produit tant de désastres, et que c'est un honneur pour la république de 1848 d'accomplir ce grand devoir dont l'humanité tout entière lui saura gré.

Voici ce que je propose pour arriver à un autre but que je crois désirable :

Abolition des brevets, à remplacer par des *contrats de propriété.*

Que ces contrats soient accordés gratuitement par la République à chaque citoyen qui en fera la demande, en déposant, comme pour l'obtention des anciens brevets, les plans et dessins, suivis des descriptions les plus complètes que pourra donner l'inventeur, ou celui qui aura découvert ou perfectionné l'objet dont il voudra avoir et conserver la propriété.

Il est entendu, dans tous les cas, qu'il ne pourra être propriétaire que de l'objet, ou seulement de la partie qui *serait sa découverte, son invention ou son perfectionnement;* que l'invention, aussi grande, ou aussi minime qu'elle soit, serait sa propriété tant qu'il vivrait, mais après sa mort elle appartiendrait à tous les citoyens de la République.

Cependant, du vivant de l'inventeur le droit d'exploitation pourrait être réclamé par chaque citoyen, sans que le propriétaire pût s'y opposer; seulement, et en ce cas, les personnes qui désireraient en faire usage devraient se faire inscrire à un bureau spécialement établi dans chaque chef-lieu de département, et où il lui se.ait délivré un duplicata des plans et descriptions relatifs audit objet qui serait le sujet de sa demande ; ces pièces lui seraient fournies après avoir été reconnues conformes à celles originales. Les frais de ces dessins et expéditions de description devraient être supportés par chacun des demandeurs, qui devrait, en outre, être tenu de payer une somme annuelle calculée et fixée d'après l'importance de l'opération : dans ce cas, il prendrait un engagement de payer la contribution pour un certain temps, pour cinq ans par exemple. La perception pourrait en être faite (pour éviter les frais et les difficultés) par le percepteur des contributions directes de la commune qu'habiterait l'exploitant. Les sommes ainsi perçues devraient être déposées dans une caisse particulière . une portion de cette somme appartiendrait au gouvernement, et l'autre à l'inventeur ; je suppose que le partage doive s'effectuer par moitié. Le gouvernement devrait solder la part du propriétaire tous les trimestres ; et celle qui lui resterait servirait d'abord à couvrir les frais occasionnés par les employés de cette administration ; ensuite, à servir des pensions aux veuves des inventeurs.

Bien que j'aie dit qu'à la mort de l'inventeur l'invention deviendrait la propriété de tous les citoyens de la République, cependant, s'il laissait des enfants en bas âge (au dessous de 21 ans), dans ce cas, la propriété de leur père devrait continuer de leur appartenir jusqu'à leur majorité, pour subvenir à leurs besoins, et jusque là ils jouiraient des mêmes droits.

Dans le cas où l'invention d'un citoyen serait utile à l'état, ce serait à l'administration de la République, en se l'attribuant, à récompenser l'inventeur. Cette récompense devrait toujours être proportionnelle à l'importance des services qui en seraient recueillis. Elle devrait être payée de la même manière que la prestation des citoyens exploitants.

Or, en accordant à tous les citoyens le droit de propriété sur toutes les inventions, découvertes ou perfectionnementsqu'ilspourront faire, non seulement on accomplira un acte de justice, mais je puis assurer qu'on rendra un véritable service aux sciences, aux arts et à l'industrie, en détruisant ce genre d'égoïsme qu'a enfanté le système des brevets d'invention, tel qu'il a existé jusqu'à présent : c'est ce que je crois pouvoir démontrer.

Tout le monde sait que les inventeurs ne sont que rarement riches; que c'est seulement le désir qu'ils ont de s'élever et de rendre leur famille heureuse qui les détermine à compromettre leur tranquillité, dans l'espérance. qu'ils ont presque toujours, que la fortune ne peut leur échapper, s'ils arrivent à la réalisation de leurs idées : c'est ce qui leur donne le courage de poursuivre l'entreprise, et qui les détermine à faire toute espèce de sacrifices. Or, il existe un vieux proverbe, connu de tout le monde, et qui exprime une grande vérité : c'est qu'en forgeant on devient forgeron. L'idée chez l'homme qui invente se développe comme la force des muscles chez celui qui s'exerce à des travaux fatigants. Il en résulte qu'il n'est pas rare de voir qu'un inventeur poursuivant une idée en rencontre plusieurs autres; ce qui le rend malheureux, surtout s'il se persuade (ce qui arrive souvent) que la dernière est meilleure que la première, et dans ce cas, il lui arrive de faire comme le chien de la fable qui laisse échapper ce qu'il possède pour n'en saisir que l'ombre.

Si au contraire l'inventeur est plus sage, il ne peut empêcher son cerveau de travailler; et souvent les plus belles idées y sont élucidées par son intelligence. Mais s'il a le pouvoir de découvrir bien des secrets de la nature, il n'est pas moins fort méfiant, parce que, rien dans la société actuelle ne lui garantissant la propriété de son idée, il fait comme l'avare qui cache son argent, craignant à chaque instant de se voir enlever son trésor. Aussi, j'en suis persuadé, cette défiance est cause que bien des génies emportent avec eux dans le tombeau d'importantes découvertes qui peuvent y être enfermées pour longtemps, même pour toujours.

Je sais bien qu'on me dira : Les brevets garantissent le privilége à tout inventeur. Eh mon Dieu ! je connais trop bien quelle est leur valeur; et, malgré la modification qu'on y apporta par la dernière loi qui

permet à l'inventeur de ne payer la taxe que par annuités, il n'en faut pas moins des écus ; ou différemment,
si l'inventeur a le malheur de faire connaître la moin-
dre partie de son invention , il court grand risque de
se la voir enlever ; et ensuite, aura-t-il toujours à sa
disposition tout prêts les cent francs indispensables ?
Du reste, il ne peut prendre son brevet que pour
quinze années au plus ; et, s'il se trouve en possession
de quatre ou cinq inventions , le temps et les capitaux
lui manquant, il est souvent forcé ou d'en négliger plusieurs, ou de les vendre à vil prix, encore quand il peut
trouver un acquéreur ; ce qui n'est pas toujours facile.
D'ailleurs, le brevet garantirait-il complétement l'inventeur, il n'en faudrait pas moins le faire disparaître,
en ce qu'il constitue un monopole inhumain ; qu'il
engendre et sert à conserver la concurrence, qui ruine
les chefs d'établissements qui ne sont pas possesseurs
de la nouvelle découverte ; ce qui les met dans la nécessité d'acheter la sueur des travailleurs à vil prix ,
et réduit ces derniers au désespoir, à la mendicité
même. C'est à la République, qui est placée sous
l'égide de la liberté , de l'égalité et de la fraternité ,
de faire disparaître cette fausse mesure , en donnant
à l'homme la certitude que ses droits légitimes lui seront réellement garantis *partout* et *toujours*.

Motifs et moyens de régulariser la concurrence.

J'ai dit que le brevet engendrait la *concurrence*, mais il n'est pas seul à y coopérer. Des fripons, qui ne craignent ni de tromper ni même d'empoisonner leurs frères, se servent de moyens abominables pour donner une apparence de bon marché à leurs marchandises. Ils falsifient tout, même les produits qui doivent servir d'aliments ; ils altèrent la qualité de tous les produits en y introduisant des matières inférieures, de manière que l'honnête fabricant, ainsi que les travailleurs qui l'aident, sont obligés ou de mourir de faim, ou de devenir fripons aussi, s'ils veulent vivre. Cette abomination a été poussée si loin, qu'il est certaines marchandises qu'on ne peut se procurer en qualité primitive. Evidemment un pareil sujet doit être traité dans un système d'organisation du travail, puisqu'il va porter la perturbation jusqu'au milieu de l'atelier. La République doit faire tous ses efforts dans l'intérêt de tous ses enfants, pour faire disparaître une pareille monstruosité ; car elle ne peut permettre que des hommes qui se disent frères empoisonnent leurs frères. Ainsi, elle devra donc prendre toutes les mesures les plus capables de faire découvrir ceux d'entre eux qui se rendraient indignes de ce beau nom, et les stigmatiser de manière à ce qu'ils ne puissent oser se présenter en public. Je demanderais même que les personnes convaincues de pareilles indignités fussent privées de leurs droits de citoyens. Je demanderais également les mêmes peines pour ceux qui livreraient à faux poids comme à fausse mesure (1). Je crois que par là on porterait un grand coup à cette concurrence honteuse qui n'a de limites que là où il n'est plus possible de friponner davantage, sans être vu de tous, comme cela avait lieu trop souvent sous le règne qui vient de tomber.

Il faudrait que chaque producteur et marchand fût tenu d'indiquer si la marchandise est de première ou de deuxième qualité, et que l'acheteur ne crût pas faire un bon marché quand au contraire il en aurait fait un mauvais, en ce que le marchand lui aurait livré une marchandise inférieure. Il faudrait en conséquence que chaque facture fît mention de la qualité, et que toute marchandise portât la marque

---

(1) Je sais qu'il y a des lois pour punir ces sortes de délits; mais je crois aussi qu'elles devraient être révisées et observées plus rigoureusement qu'elles ne l'ont été jusqu'à présent.

du fabricant (1) ou du négociant ; que cette marque fût obligatoire sous peine d'une amende proportionnelle à la valeur de l'objet livré au commerce. Il serait même convenable d'ordonner la fermeture des magasins de ceux qui, après avoir subi plusieurs condamnations, persisteraient dans la même faute.

Les marques employées à cet effet devraient être reconnues par l'administration municipale du lieu où résiderait le fabricant ou le marchand, comme cela a lieu à l'égard des fabricants de poids et mesures ; de manière à ce que l'autorité pût toujours reconnaître la fraude immédiatement, et la dénoncer aux tribunaux qui en devraient connaître. Il serait utile que les jugements fussent livrés à la publicité, et qu'ils fussent insérés dans un ou deux journaux du chef-lieu de département et de la ville même où habiterait le délinquant, dans le cas où la fabrication aurait eu lieu pour des marchandises devant être expédiées dans une grande partie de la France. Les juges pourraient ordonner, en outre

---

(1) Cette proposition n'est certainement pas nouvelle ; le citoyen Jobard l'a faite et développée avec une grande lucidité, et je répète avec lui que c'est le seul moyen d'arrêter la fraude et d'assurer la récompense aux maisons honnêtes.

des publications qui viennent d'être indiquées, que leur jugement serait également inséré dans au moins deux journaux de la capitale. Il est entendu que tous les frais de ces publications seraient supportés par les délinquants.

Une fois cette question et celle qui garantirait la propriété de l'inventeur bien résolues, la concurrence se trouverait considérablement réduite, et ce qui en resterait serait au contraire un moyen utile pour exciter l'émulation et empêcher la routine de se perpétuer.

Ce genre de concurrence, du reste, serait très honorable, puisqu'il ne pourrait plus guère avoir lieu que par l'effet de la qualité supérieure des objets produits; tout gagnerait à cela : la morale, le fabricant et le consommateur; la bonne foi étant le départ de tous, la confiance ne tarderait certainement pas à renaître de toutes parts. La marque serait donc la sauve-garde de tous les intérêts matériels comme de la morale.

Cette influence n'aurait pas seulement lieu sur les marchés de France, mais encore sur ceux de tous les pays avec lesquels notre commerce se trouve en relation d'affaires. Notre marine y gagnerait considérablement par l'accroissement de son activité, qui devrait grandir en raison du développement de cette confiance, qui ne pourrait nous être refusée ; ce qui serait pour la nation la cause d'un bénéfice considérable, et, plus encore, la gloire d'une réputation honorable, à la hauteur de la destinée que Dieu lui a réservée au milieu de tous les peuples du monde, et qui prouverait à tous que notre nation est bénie de lui ; que son doigt la guide comme étant l'âme de la civilisation et le flambeau d'où jaillit la flamme qui doit éclairer les hommes et les unir entre eux par les liens de la fraternité. Pardonnez mon exaltation, frères, quand je parle de la gloire de notre chère patrie, à laquelle la République doit rendre toute sa splendeur en garantissant et en marquant à tous leurs droits, et à chacun ses devoirs.

La République ! groupons-nous donc tous autour d'elle, car elle sera notre égide contre les peuples barbares qui, jaloux de nos libertés, seraient assez insensés pour chercher à nous les ravir par la force brutale ou par la trahison. Mais, croyez-le, quand nous aurons organisé le travail et donné à chacun sa part dans les bénéfices, l'union et l'accord seront au milieu de nous ; alors, malheur à ceux qui viendraient chercher à nous désunir : ils auraient bientôt reçu la punition de leur crime.

Je ne suis qu'un ouvrier, frères! Je n'avais que quinze ans lorsque je fus forcé de gagner ma vie et celle de ma famille par le travail de mes mains; c'est vous dire que je n'ai pas été à même de vous exprimer ma pensée dans un langage plus pur, mais qui n'aurait rien ajouté à mes sentiments. En revanche, je suis élève de l'école pratique, où l'on apprend à connaître et à combattre l'adversité. Mais si la fortune m'a refusé le pain de l'intelligence, je cherchais chaque soir, après une longue journée de labeur, à glaner quelques épis au milieu des vastes champs où la fortune seule pouvait moissonner. Aussi me suis-je souvent piqué aux pointes des compas que je ne pouvais manier qu'inhabilement, n'ayant d'autre guide que ma faible intelligence; enfin, je sentais que Dieu ne nous a pas créés pour que nous devions être les esclaves de nos frères, et je faisais tous mes efforts pour me dégager de l'étreinte qui étouffait les pauvres prolétaires sous le régime que nous venons d'anéantir. Sous ce régime, nous avions deux adversaires puissants qui nous terrassaient constamment quand nous étions honnêtes; c'était la misère et la fortune : la misère, en ce qu'elle ne nous donnait pas un instant de répi pour que nous pussions sacrifier un seul moment à notre avenir; la fortune, au contraire, servait ou à corrompre les quelques hommes d'élite qui voulaient, malgré tout, se rendre libres, ou à les enchaîner plus fortement en s'emparant des fruits de leur génie.

J'avais vingt-trois ans lorsque je me crus assez fort pour opérer ma délivrance, sentant que le poids que je portais pour ma part était trop lourd ; je voulus essayer et j'espérais de m'en dégager. À cette époque j'avais inventé un nouveau genre de métier au moyen duquel je suis parvenu à fabriquer les plus beaux tissus (les châles). Je m'étais adjoint un collaborateur pour la partie du montage de l'*équipage;* c'était un jeune homme (1) qui souffrait comme moi, et qui désirait ardemment aussi s'émanciper ; il avait de l'intelligence et possédait à fond la science du tissage. Nous nous étions associés ensemble et nous avions réuni chacun notre peu de savoir pour être plus forts, et dans l'espérance de devenir aussi plus heureux. Nous avions à peu près le même âge et avions souffert des mêmes peines : il était donc naturel que nos entretiens roulassent presque toujours sur le sujet de notre entreprise, qui était la cause principale de notre union. Nous avions reconnu que les

____

(1) Le citoyen Bosche.

douleurs que nous avions partagées l'étaient de même par nos frères les prolétaires, dont nous faisions partie ; et j'avais, moi, rêvé d'en émanciper un certain nombre avec nous. J'avais communiqué mes moyens à mon collaborateur, qui les avait chaudement acceptés.

Les voici :

Nous nous étions associés dans l'intention d'exploiter mon invention ; et, comme des jeunes gens sans expérience que nous étions, nous nous croyions déjà possesseurs d'une grande fortune, à laquelle nous voulions faire participer tous ceux de nos frères qui nous auraient aidés. Malheureusement, tout cela n'était que rêve et illusion ! mais, mon Dieu ! cela nous était bien pardonnable, parce que nous étions à l'âge où l'imagination embellit bien des choses ; et, comme nous étions inventeurs, l'illusion nous était donc permise à double titre.

Je demande pardon au lecteur si je lui parle trop long-temps de moi en traitant un sujet aussi grave que celui qui nous occupe tous en ce moment. Mais j'avais besoin de cette digression pour faire connaître depuis quelle époque je me suis occupé de l'organisation du travail, quoique ce ne fût pas le nom que j'avais donné à l'œuvre que je méditais alors ; et d'ailleurs cette question , comme tout le monde peut le savoir, n'était pas à l'ordre du jour à cette époque , et je l'appelais tout bonnement *amélioration du sort de la classe ouvrière*. J'avais communiqué cette idée à mon collaborateur, et nous étions tombés d'accord d'employer à cette œuvre une partie des bénéfices que nous espérions recueillir. J'avais présenté mon invention à des capitalistes, en leur communiquant l'idée d'une amélioration de la classe ouvrière. Cette idée leur avait convenu , et on m'avait promis de nous fournir des capitaux suffisants , non seulement pour établir cent métiers à tisser, mais aussi pour l'exécution de mon projet, que j'avais présenté ainsi (en 1827) :

« Il sera monté cent métiers qui devront fonction-
» ner au moyen d'une machine à vapeur. L'établisse-
» ment devra être fixé à la campagne, de manière à
» en diminuer les frais.

» Tous les ateliers seront construits exprès ; une
» partie de leur charpente sera disposée pour rece-
» voir les *équipages*, et par conséquent amoindrir les
» frais de *bâtis* des métiers. »

Viennent ensuite d'autres dispositions relatives à la construction des machines ; puis il était dit plus loin : « Des bâtiments simples, mais commodes et

» bien aérés, seront construits pour notre habitation
» et celle de nos ouvriers. La distribution des bâti-
» ments devra être faite de manière à ce que chaque
» famille y soit logée suivant le nombre des membres
» dont elle sera composée ; » et enfin, j'avais pensé,
non pas à augmenter le prix des salaires, mais à diminuer celui des objets de consommation.

Voici quel était le moyen que je voulais adopter
pour obtenir ce résultat : acheter le blé, le faire mou-
dre par un moulin que nous devions établir exprès ;
faire notre pain et le livrer au prix de revient en ne
prélevant strictement que les frais que cela aurait occasionnés. Nous devions également acheter la viande
sur pied, et nous l'aurions cédée aux mêmes conditions ; et, enfin, nous aurions fait de même pour tous
les objets qui se seraient consommés dans l'établissement. Le blanchissage du linge, que je regardais
comme une chose de première importance dans l'intérêt de la santé, devait aussi être fait dans l'établissement, où la machine à vapeur pouvait en faciliter
le travail et diminuer la dépense ; toujours enfin sans
en faire un sujet de spéculation pour la maison, mais
un objet d'économie et un avantage pour les ouvriers
et employés. Toutes ces choses auraient pu s'exécu-

ter très utilement, car nous pensions recevoir au moins trois cents travailleurs et leurs familles.

Nous étions convenus, mon collaborateur et moi, d'imposer à nos ouvriers la condition d'envoyer leurs enfants aux écoles, dont nous entendions faire payer les maîtres et maîtresses par les frais généraux de notre entreprise.

Nous étions en 1827 lorsque je conçus le projet dont je viens de parler, que je devais mettre à exécution aussitôt mon métier modèle terminé ; mais il ne l'était pas encore lorsque éclata la Révolution de 1830 : alors tout fut perdu, même les expériences par lesquelles je devais convaincre les capitalistes qui devaient m'aider. Je fus donc forcé d'abandonner le projet malgré mes excellentes dispositions.

Mais si les travaux matériels ont eu à souffrir de l'effet de cette révolution, il n'en est pas moins certain que, malgré la réaction et tous les efforts de la coterie aristocratique qui était au pouvoir, bien des idées se sont depuis manifestées au grand jour : le socialisme a préparé bien des matériaux qui serviront à la réalisation du bonheur de l'humanité, à l'émancipation de l'intelligence. Plusieurs écoles socialistes ont propagé des idées d'une haute impor-

tance ; pendant les dix-sept ans et demi qui ont sé-
paré Juillet 1830 de Février 1848, il s'est opéré un
grand travail dans tous les esprits, et les penseurs
ont pu méditer sur ce qui pourrait être fait pour une
organisation nouvelle, capable de réunir tous les intérêts en un seul faisseau par des liens de justice,
d'amour et de fraternité, que la République resserrera
sans cesse.

Je crois très sincèrement que les moyens que j'in-
dique ici pourraient être très utiles ; c'est avec cette
idée que je me suis présenté comme candidat à la
Représentation nationale, où j'espérais pouvoir les
exposer et les développer utilement ; car j'ose soutenir que l'association seule peut donner les garanties durables dont nous avons tous besoins pour réa-
liser la paix, le bonheur, et notre sainte devise :
Liberté, Égalité, Fraternité.

DAVID (Claude),

Ancien ouvrier mécanicien, et maintenant chef
d'établissement à Grenelle, quai de Grenelle, 29

Ce 20 mai 1848.

Imprimerie de GUIRAUDET et JOUAUST, rue S.-Honoré, 315.